MW01175146

LORCATION

Lynn:

Esta libro es para ti~

Lorcation

Brian Dedora

Spanish translation by
Martín Rodrígues-Gaona

BookThug 2015

Shelfie

A **bundled** eBook edition is available
with the purchase of this print book.

CLEARLY PRINT YOUR NAME ABOVE IN UPPER CASE

Instructions to claim your eBook edition:
1. Download the Shelfie app for Android or iOS
2. Write your name in **UPPER CASE** above
3. Use the Shelfie app to submit a photo
4. Download your eBook to any device

The production of this book was made possible through the generous assistance
of the Canada Council for the Arts and the Ontario Arts Council. BookThug
also acknowledges the support of the Government of Canada through the
Canada Book Fund and the Government of Ontario through the Ontario Book
Publishing Tax Credit and the Ontario Book Fund.

LIBRARY AND ARCHIVES CANADA CATALOGUING IN PUBLICATION

Dedora, Brian, 1946-, author
      Lorcation / Brian Dedora ; translated by Martín Rodríquez-Gaona.

English with Spanish translation on facing page.
Issued in print and electronic formats. English with Spanish translation.
ISBN 978-1-77166-156-0 (PAPERBACK)—ISBN 978-1-77166-157-7 (HTML)—
ISBN 978-1-77166-158-4 (PDF)—ISBN 978-1-77166-159-1 (KINDLE MOBI)

      1. García Lorca, Frederico, 1898-1936—Poetry. I. Rodríguez-Gaona,
Martín, 1969-, translator II. Title.

PS8557.E28L67 2015   C811.54   C2015-905538-5
                                     C2015-905539-3

PRINTED IN CANADA

*To burn with desire and keep quiet about it
is the greatest punishment we can bring on ourselves.*

From *Blood Wedding*, Act Two, Scene 1

Federico García Lorca

In the small village of Nerja, perched on a rise overlooking the Mediterranean, where my partner and I had driven on a quest for a type of green-glazed pottery became my first visceral connection to Federico García Lorca, although at the time I didn't know it. Parking in the main square we noticed the open church door and decided to take a look. Leading the way, my partner saw a group of women on their knees washing the church's stone floor. They turned to scowl at us as we entered. With both grace and aplomb, my partner removed his shoes and I followed suit. Smiling, they invited us in. Rough-hewn wooden benches and kneelers faced a quite remarkable gilded and faux marble altar that reached up to the ceiling. I was surprised at this display of exquisite craftsmanship in such a simple and plain church. After a time we left as the women waved goodbye. We found the pottery we'd been looking for elsewhere and bought some to take home to our house in Mojacar, where we told our friends about our little adventure.

We didn't at first understand their amazement. They told us this was the church of Lorca's play *Boda de Sangre/Blood Wedding,* which I knew nothing about. The story concerned a bride who had been stolen away the night before her wedding by a previous lover who was then killed by an outraged relative. Lorca had read and followed the story in the newspapers and had written his play based on these accounts. Our friends had been attempting to see the inside of the church for

years and it had always been closed. Lucky us. For me, interest in the work of Lorca had begun because of this location.

In all the books I have previously published, there has never been a book so supported by the structures of narrative as *Lorcation*. The rather strange beginning, middle, end that would seem to define narrative has always struck me as odd because both beginning and end, to me, are cut off from the continuum of that which goes before and that which follows. This then begs the question: Where *exactly*, is the middle? One might think; I know where it is but when?

Lorcation arose in words and need from a ten-day visit to "Lorca's Granada," conducted by the Canadian writer Gerry Shikatani who invited other Canadian writers to spend time in the environs where Lorca had lived and wrote. Having spent many holidays in Spain (plus two extended stays), I was more than amenable to this invite, *Lorcation* is set through the metaphor of journey using, the running metaphors of 'crossroads' and 'suitcase' plus a very loaded use of the word 'green.' It 'begins' 'The First Part of the Journey' in Madrid at the outset of the travel to Granada where that which goes before is an extensive reading of Lorca's biography and his work in both poetry and theatre. On site in Granada and recognizing my prior knowledge things began heating up in my desire to understand Lorca's story by taking up the thread of his homosexuality as a way to enter and exit the labyrinth of what I'd read both about and by Lorca.

Visiting the Huerta de San Vicente, a house bought by Lorca's father when Lorca needed to attend school in Granada (a move from his birthplace in the village of Fuente Vaqueros) and now a museum holding artifacts of Lorca's family life, plus manuscripts, was where the elements of *Lorca* and *location* came together to form, not only the title of the book, but the central core; the situation of Lorca's story and the place of my need to understand.

As I've hinted, I did not set out, nor do I ever, to begin at A to end at Z. The writing rose up in me fully worded with both strength and flow in Granada, where this sense of location, this presence became not only present but almost oppressive. The only way to deal with this was to write it out… right now.

Lorca's execution could only happen in the horror created by Franco's civil war. On my return to Toronto, I went to my favourite bookshop to see what I could find and was sold Paul Preston's book *The Spanish Holocaust*. It took me an entire summer to finish the book; the horror of the war was so immense I could only read eight to ten pages a day. Preston's book confirmed in me that a section of *Lorcation* would have to condemn Franco and his reign of terror while also understanding that Lorca was only one of thousands of casualties.

My reading of Ian Gibson's biography of Lorca also made me aware of Lorca's homosexuality and I thought, being who one is, to include my perspective

on this aspect of his life and my feelings about it. This comes in an informal essay, the 'middle' that hopefully answers my question about where and when. It stands out from the initial writing as a kind of regression, a going back to examine the original thread. The essay took three very painful and anxious months to write as the revisions and additions piled up until I saw that a personal component had to be included… It only got better and more satisfying as I, for the first time, began writing and including some of my own story.

The last part of this journey (and the part where I saw some limitation in my chosen thread through Lorca and this book) were changed. My invited visit to La Vega, that fertile plain where I could stand out in the fields, smell the soil, see the crops and the irrigation ditches, and listen to the running water, pushed me to another understanding of Lorca and the place where he gathered his images and metaphors. Both Lorca and the land came alive where the 'end' does not close or finish nicely, but rather, opens to the following and ongoing question of where one stands in our relationship with nature where we all live and die. In a way this book, renders in words a personal journey, a kind of re-enactment, opens to two very different writers in very different times, standing on *terra firma* feeling and contemplating our place and time within it.

Brian Dedora

LORCATION

LA PRIMERA PARTE DEL VIAJE, MADRID

Llegas al cruce en el que, según la historia, se toma una decisión, se llega a un acuerdo, no la alternativa que te han hecho creer, sino más una continuación de lo que está ahí, lo que tú sabes, donde tu cuerpo te ha guiado inclinándote hacia lo que en tu cuerpo se ha revelado como placer... "Sí, eso se siente bien".

Así es que ahí estás entre la mierda de oso y el trigo sarraceno, izquierda y derecha, y ellos tan ebrios con su historia de lenguaje,
de refinamiento,
de naturaleza,
de cultura,
de bueno y malo,
(el latín para diestro y siniestro) sobre tus espaldas, el arduo trabajo sin palabras que has arrastrado hasta este lugar, libre sólo mientras lo nombras.

Oh sí, has sido advertido sobre el jugar con fuego, especialmente cuando fuego es lo que posees, sin mencionar los dedos pegajosos,

the first excitement of the bedroom

al primer gusto de la alcoba,

O:

amazed by the dark dawning of the thighs' fine hairs

THE FIRST PART OF THE JOURNEY, MADRID

You arrive at the crossroads where, so the story goes, choice is made, the bargain struck. Not the choice they'd have you believe but more a following of what is there, what you know, where your body has guided you leaning towards what in your body has presented itself in the way of pleasure… "Yeah, that feels good."

So there you are between the bear shit and the buck-wheat, left and right, and they
are so loaded with their history of language,
of cultivation,
of nature,
of culture,
of right and wrong
(the Latin of dexter and sinister) weighted on your back, the wordless drudgery you've dragged to this place, free only as you word it.

Oh yes, you've been warned about playing with fire, especially when fire is what you own, not to mention sticky fingers,

al primer gusto de la alcoba,

the first excitement of the bedroom.

Or:

asombrado con el alba oscura del vello sobre los muslos

asombrado con el alba oscura del vello sobre los muslos,

O más profundamente todavía

I will leave my mouth between your legs

Dejaré mi boca entre tus piernas
mi alma en el museo de recuerdos de la fotografía
en la dorada fragancia de las azucenas que crecen
y en los necesarios pasos ocultos de tu partida
mi amor, mi amor, quiero escapar
la subida vertiginosa de la alegría de los violines y la
    tumba de la pequeña muerte
las cintas de semen sobre tu cuerpo desde el vals que es
    nuestro sexo.

Sentir la Hebra de Oro
deslizarse sobre la yema de tus dedos,
donde aguarda nuestro Minotauro
en el cruce de las cosas
donde con tu traje de luces
in your suit of lights
bailarás un vals para la pequeña muerte
seguirás el braille de la yema de tus dedos
desde su aliento de pluma fuente.

amazed by the dark dawning of the thighs' fine hairs

Or deeper still

Dejaré mi boca entre tus piernas

I will leave my mouth between your legs
my soul in the photograph's museum of memory
in the gilded fragrance of the lily's growth
and in the necessary hidden footsteps of your going
my love, my love, I want to leave
the soaring joy of violins and the grave of the little
    death
the ribbons of semen upon your body from the waltz
    that is our sex.

Feel the Golden Thread
slide over your fingertips,
where waits our Minotaur
at the crossroads of things
where in your suit of lights
tu traje de luces
you'll dance a waltz to the little death
follow the braille of your fingertips
along his nibbed pen's breath

HUERTA DE SAN VICENTE, GRANADA

La forma en la que el viento frío se desliza entre las capas de ropa que trajiste pensando en cómo sería el clima. Todo cuidadosamente planeado. Es abril, un mes de tránsito en el que la ventana entreabierta a este tiempo puede chirrear o cerrarse de golpe sobre tu anhelo largamente acariciado, tan pulcramente doblado en la maleta de las cosas que tú querías que sucedieran.

Estar, en este lugar y a esta hora, caminando sobre la única baldosa brillante, ladrillo y piedra, hacia un lugar de interés. Un lugar, una sugerencia, compasión por algo deseado que aún ignoras. Este es el escritorio, estas son las paredes y aquí, bajo el cristal, las palabras escritas como arañas, un encuentro... ¿Puedo colocar mi oído (aquí) cerca... cerrar mi maleta?

HUERTA DE SAN VICENTE, GRANADA

The way cold air slides itself between the layers of clothes you'd brought planning for what weather might be. The best laid plans. It's April, a transition month where the window ajar in this time can squeak open or slam shut on your long looked-forward-to, so neatly folded into the suitcase of what you wanted things to be.

To be, in this place in this time walking the sole-polished tile, brick, and stone to a location of interest. A place, a draw, sympathy for something desired that you yet don't quite know… This is the desk, these are the walls, and here under glass, the spidery written words, an encounter… May I put my ear (here) close… my suitcase?

LA ERUPCIÓN A FUEGO LENTO

Fuente Vaqueros, Valderrubio

Sus granos de arena se convierten en una piedra en tus incómodos zapatos; con el uso uno se adapta a tu paso hasta transformarse en la perla que atesoras. Por el momento seguro, pero mejor después, cuando, al ser extraído para brillar sobre la palma quede, al fin, su nácar maravilloso en el encanto de tu amanecer fascista.

(susurro)   *Hubo dificultades del tipo de las que*
             dejan hecho polvo

Cuchicheos previos a charlas que nunca fueron claras y nunca revelan. Tan juntos en este pequeño pueblo al frotarse unos contra otros durante generaciones, permitiendo, incluso disfrutando, la cálida incitación del "traigo grasa para atizar rencores" que la perla de piedra estalla en llamas.

Envidias calentadas desde niño hasta la adultez cuando se pusieron de pie y recobraron el ritmo al correr la carrera para ser el primero y romper la cinta que une a este pueblo en un frenesí de músculos empapados de sudor desde las burlas del patio escolar hasta el orgasmo final del asesinato y la muerte.

(susurro)   *Hubo dificultades de las relacionadas*
             a la crianza

Ser detenido, atrapado, capturado, frenado de la pleni-

THE POTBOILED SIMMER

Fuente Vaqueros, Valderrubio

Its sand grains become a stone in your uncomfortable shoes, which through use one takes a step shaped to your foot to become the pearl you treasure. Kept safe for now but especially later when drawn out to glisten in the palm, finally, its marvellous nacre in the allure of your Fascist dawn.

(whisper)   *"There were complications of the knackered sort."*

Whispers before talk which never spoke to the point and never reveal. So close in this small town when rubbed against each other over generations allowed, even enjoyed, the hand warmed nurture of "I bring fat to fire the grudges," the pearl-stone bursts into flame.

Envies warmed from infant to adulthood where they stood on their own two feet and picked up the pace by running the race to finish first and break the tape that tied this town together in a frenzy of sweat-soaked muscularity, from schoolyard taunts to the final orgasm of murder and death.

(whisper)   *"There were complications of the nurtured kind."*

To be seized, grabbed, captured, arrested from maturity

tud de posibilidades de que todas aquellas palabras
resonaran más hondas que las propias sierras descen-
diendo hacia surcos de cultivos podados para volver
estéril su totalidad, finalmente.

De pie contra un muro blanco, las palabaras rojas en
    aquella calle sucia,
mas no, un olivar,
donde las hojas verdes
revolotean alarmadas
en el aire verde picante...

Él empieza aquí
en la vega
el valle fecundo
huele el abono
huele la mugre
huele lo húmedo
respira lo verde,
los ríos corren a través de ella
arroyos, afluentes
charcos oscuros en los que
una humedad de anillos de hada
por la mañana
en umbríos lugares
(y durante cierto tiempo
lugares oscuros)
logra resistir.
El cuerpo,
que eres tú...
habla con los ciempiés
escucha a las libélulas

the possibilities of all those further words ringed like the Sierras themselves descending into furrows of planted fields pruned to make stern the whole of him, ultimately.

Up against a white wall with red words in a dirty
    street,
but no, an olive grove,
where green leaves
flutter alarmed
in the green-spiced air…

He begins here
in the Vega
the fertile plain
smell dung
smell dirt
smell wet
inhale green,
rivers run through it
streams, tributaries
dark pools where
a fairy ring moist
in the morning
in shaded places
(and for a time
obscure places)
makes his stand.
The body
that is you…
speaks with centipedes
listens to dragonflies

oye despreocupado a las abejas
se echa en el musgo
con la mente a flote
emergiendo
atrapada revoloteando
en las redes húmedas del rocío
de engaños y mentiras
en su oculto
jardín convertido público.

(alto)   *"Denle café,*
            mucho café"

En su cara la visión, exacta, sin lugar alguno donde ir.
Para brindarte a ti, finalmente, lo que ellos no supieron,
ser completamente avasallado con ese arresto.

¿Cómo evitar de volver a la crueldad de su clara injusti-
cia? ¿Resistes cuando no puedes contenerte más? Está
frente a ti. Inmóvil. Es inminente. ¿Es tuyo el valor o
la calma más profunda nunca antes conocida, para este
instante, para ser tan violentamente encomendado a la
eternidad?

(Ellos susurran)   *"El maricón con la pajarita"*

Juan Luis Trescastro en Granada, el día después,
alardeando en el Bar Pasaje (La Pajarera) … *"Dos balas*
en el culo por marica".

(susurro)   *"Denle café,*
                mucho café..."

overhears bees
lays on moss
with a mind afloat
arising
caught fluttering
in the dew-wet webs
of deceits and lies
in his private
become public garden

(loud)   *"Give him coffee,*
              lots of coffee."

In his face the apparition, exactly, of nowhere else to
go. To finally give you what they did not know; to be
so extinguished in such custody.

Can you not help returning to the violence of this
surety of their injustice? Do you hold up when you
can no longer hold on? It stands before you. It doesn't
move. It is imminent. Do you own bravado or the
deepest calm you've ever known, for this now, to be so
violently folded into eternity?

(They whispered)   *"The fag with the bowtie."*

Juan Luis Trescastro in Granada the day after
boasting in the Bar Pasaje (La Pajarera)… *"…two*
bullets in his ass for being a queer."

 (whisper)   *"Give him coffee,*
                    lots of coffee…"

De tal forma
con dicho sacrilegio
su recta convicción
su dominio sobre el derecho a la vida
arrebatarla con un rugido de pólvora
apagar el único tesoro que posees
verlo desplomarse y caer
la auténtica y triste humanidad de un hombre
la palidez de su muerte
su ciega blancura final viéndose llegar,

"Estoy vivo todavía..."

rematado por un golpe de gracia...
una bala en la cara.

In this way
with this sacrilege
their righteous conviction
their ownership of a right to life
to take it in a snarl of cordite
to snuff the only treasure you own
to watch him crumple and fall
the true sad humanity of a man
the pallor of his death
its final blind whiteness seen coming,

"I'm still alive…"

finished off by a *coup de grâce…*
a bullet in his face

GRANADA

... vacilantes en las formas del poder
de unos a otros, los arrepentimientos de un cambio violento
un orden distinto
viejas piedras para los cimientos de una nueva ciudad
en la Plaza Isabel la Católica
Cristóbal Colón sobre su rodilla izquierda presenta
sus propuestas

Yo tenía ansiedad

Jamón pata negra con triangulitos
de queso, almendras y cañas
bajo los jóvenes árboles en una plaza tranquila
quise esto
necesitaba esto
embriagarme
en un fracasado truco de amable magia
el refugio de estar como una cuba

Dedicarse a sembrar
plantas y al cultivo,
agua de la nieve
que viene de las sierras
circundantes a este fértil valle
balbuceo plateado del agua,
su humedad en surcos
debajo de una nube de aves
aplausos de campana para las corrientes en la distancia.

Conozco esto, apenas sacado de

GRANADA

... shifting in the ways of power
one to another, the regrets of violent change
another order
old stones for foundations of a new city
in the Plaza Isabel la Católica
Christopher Colon proffers at her left knee
his propositions

I was having the anxiety:

Jamón pata negra con triangulitos
de queso con almendres y cañas
under young trees in a tranquil plaza
I wanted this
I needed this
to get drunk
in an unsuccessful trick of sympathetic magic
refuge in being shit-faced

To do with growing
plants and produce,
water from snow
from Sierras
ringed round this fertile plain
silver ripple of water,
its soak into furrows
below a cumulus of birds
bell claps for the water courses in the distance.

I know this, only just removed from

granjas llevadas por tíos abuelos y tías abuelas,
jugando en los surcos por los que corre el agua
construyendo represas para dejarlas fluir
casi audible el sonido de las raíces en remojo.

Es persistente,
no te abandona
su olor surgiendo
en la mitad de una cena con amigos,
en un sueño coloreado de verde
por la noche,
levantándose a través de las capas de grandes avenidas
después de abandonar el pueblo para desnudarte
y mantener con vida al niño, mantener cerca
la magia de tu primer mundo verde
arremolinado y encendido,
entre los lechos de flores de
tu jardín privado, hecho público...

Ven, juega conmigo fila a fila
donde las raíces de la maravilla hunden su crecimiento
hacia tus campos de recreo.

Te reconozco por el arrollo
te reconozco por los surcos
te reconozco por las aves
revoloteando al borde de los charcos oscuros
donde el verde se inclina debajo del árbol
donde el fresco vive en el elevado calor del día.

Si me quedo de pie, de espaldas a la pared
haciéndote un gesto

farms worked by great aunts and uncles,
playing in the furrows where the water runs
building dams to let them go
almost audible the sound of root soak.

It is faithful,
it doesn't leave you
the smell of it rising
in the middle of a dinner with friends,
in a dream coloured green
in the night,
rising up through the layers of big-city ways
after leaving town to lay you bare
to keep the boy alive, hold close
the magic of your first green world
to swirl and alight,
among the flower-heads of
your private, become public, garden…

Come, play with me row on row
where the roots of wonder sink their growth
into your fields of play.

I know you by the brook
I know you by the furrows
I know you by the birds
flitting at the edge of dark pools
where green slopes under the tree
where cool lives in the rising heat of day.

If I stand, back to the wall
make face with you

me asumiría, no por medio de una declaración
ni con el puño en alto, ni con un saludo
sino más bien por tener un don para ti
para ti tenemos un don
Lorca tiene un don para ti
nos presentamos hermano e hijo con un don para ti
aún ahora no tan oscuro
ahora aún no
no tan oscuro

Crearemos una hermandad nueva
Federico de la Expiración
su aliento ascendiendo...

Un virtuoso aliento final
una brisa a lo largo de la vega
viñas, campos de cultivo
un murmullo a través de hojas verdes
susurrando a través de esparto
alisando cúmulos de nieve en las sierras
reuniendo fuerza en el crecimiento de las cosas
para mudarse más allá de las llanuras de Granada
llegando a Al Andalus y a Nueva York
llevando energía a un mundo con el amable
boca a boca...

Te beso
tus suavísimos labios
inhalo tu verde
paso las manos sobre tu cuerpo
brindo mi bendición por tu descanso
leo cerca tu don

I will come out, neither by declaration
nor by raised fist, nor salute
but rather I have a gift for you
we have a gift for you
Lorca has a gift for you
we stand brother and son with a gift for you
now not quite so dark
no not so quite
not quite so dark

We will make a new brotherhood
Federico de la Expiración
his breath ascending...

A last gifted breath
a breeze across la Vega
bench lands, growing fields
a murmur through green leaves
whispering through *esparto*
smoothing snow drifts in the Sierras
gathering strength in the growth of things
to move out beyond the plains of Granada
reaching out to Al Andalus and New York
invigorating a world of the sympathetic
mouth to mouth...

I kiss you
your softest of lips
inhale your green
run hands over your body
give my blessing for your rest
read close your gift

en lugares privados y públicos

Risotto Lorca:

Relato de un amor imposible entre la cigala y la alcachofa.

Un genio que narra un cuento de hadas sobre el amor
    imposible entre una cigala y una alcachofa.

Tú naces en él,
él se convierte
en ti...

mientras desesperadamente trato de poner palabras
para lo que está emanando dentro de mí
algún rojo naranja oscuro floreciendo
alguna flema horrorosa que ahoga mis pulmones
a pesar del alcohol

y lo he intentado

porque nosotros, especialmente nosotros
conocemos ese crepúsculo
dando un paseo o merodeando
a lo largo de la noche
y esa sombra al acecho
de la ley del miedo instintivo
cortes de curso en cruz
los cables de tu sangre
cuando estás a punto de ser
masacrado por marica...

in private and public places

Risotto Lorca:

Relato de un amor impossible entre la cigala y la alcochofa.

A genius telling a fairy tale about the impossible love
    between a crayfish and an artichoke.

You're born into it,
he becomes
you…

while trying desperately to put words
to what inside me is welling
some orange-red dark blooming
some hideous phlegm choking my lungs
despite the booze

and I have tried

because we, especially we
know that twilight
strolling or trolling
through the night
and that lurking shadow
of the law of survival fear
course-cuts across
the wires of your blood
when you're about to be
fag-bashed…

y pienso en él

tú no piensas
golpeado, pateado, abofeteado
y las burlas homófobas
en ese sótano de piedra
esa habitación de una sola bombilla
amarrado a una silla

y pienso en él

tú no piensas
en el embudo atascado en su boca
para las jarras de aceite de ricino
con el propósito de humillarlo
atado a una silla

y pienso en él

tú no piensas
en la escuela
la Colonia en Víznar
sus breves últimas horas
el despuntar de exactamente
lo que ha de ser
cuando el reloj que acaba su noche
se rompe
cubre de oro
el otro lado del verde creciente
de su fértil valle

y pienso en él

and I think of him

you don't think
punched, kicked, slapped around
and the fag taunts
in that stonewalled room
that one light bulb room
tied to a chair

and I think of him

you don't think
of the funnel jammed into his mouth
for the jugs of castor oil
to humiliate himself
tied to a chair

and I think of him

you don't think
of the schoolhouse
La Colonia at Viznar
his last few hours
the dawning of exactly
what is to be
when the watch that ends his night
breaks
gilds
across the growing green
of his fertile plain

and I think of him

piensas en
su último apunte
(probablemente extorsionado)
Papá,
por favor entrégale a este hombre
una donación
de 1000 pesetas
para el Ejército.

El último aliento de su pluma respirando

él tiene un don para nosotros

¿Quiénes son esos hombres
que se quedan en el último escalón
de la escalera al Averno
encadenada en el matadero
por la repugnancia de sí mismos
que vive en la puerta vecina?

you think of
his last note
(possibly extorted)
Papá,
Please give this man
a donation
of 1000 pesetas
for the Army.

the last breath of his nibbed pen breathing

he has a gift for us

who are those men
who stand on the bottom rung
of the ladder of Hell
chained in the slaughterhouse
by the revulsion of their selves
who live next door?

EL MANISERO

Las preguntas al guía se hacen insistentes...
... pero, ¿por qué?
Sus respuestas se reducen
cuando las implicaciones crecen

Su voz ahora un susurro
"Hay complicaciones"

Cómo cuándo dónde demandamos,
su respuesta
un dedo sobre los labios para silenciarlos.

"¿Es una reinona teatral?"

Decido lanzar una con malicia
para ver dónde la lleva...

(*El manisero*, el vendedor de cacahuetes,
hecha popular en el NY de los años treinta por Don Azpiazu
y su orquesta del Casino Habana,
cantada por Antonio Machín, compuesta en Cuba,
la primera pieza de música latina que llegó
al millón de ventas tanto en discos como en partituras)

"¿Cree que Lorca conocía y tocaba
la popular *El manisero?*"

"Oh, no, nada fuera del piano clásico."

Pues claro, una reinona teatral.

EL MANISERO

Questions to the guide become insistent…
…But why?
His response growing smaller
as the implications grew larger

his voice now a whisper
"There are complications."

How when where we asked,
his answer
a finger to his lips to be silenced

"Is he a drama queen?"

I decide to lob a loaded one
to see where he takes it…

(*El Manisero*, the 'Peanut Vendor'
made popular in the New York of 1930 by Don Azpiazú
and his Havana Casino Orchestra
sung by Antonio Machín, composed in Cuba,
the first million seller in both
records and sheets of Latin music)

"Do you think Lorca knew and played
the popular *El Manisero?*"

"Oh no, just classical piano."

Yup, a drama queen.

PLAZA DE LA TRINIDAD

Arabescos de ideas
como el humo de mi tabaco
ondulan la fuente en la Plaza de la Trinidad
rodeada de árboles y cientos de aves piando

antecedentes en la vida cotidiana de la gente
en las terrazas, un patinador traqueteando sobre
las baldosas relucientes de las calles
puedes sentirlo acercándose para resplandecer cerca de la fuente
una familia con abuelo comiendo
bicicletas que pasan zumbando
una tienda con ofertas de electrodomésticos
un extractor de zumos Braun a diez euros
con las naranjas aquí en España
exprimidas frescas en los bares
tenía que estar en oferta

Se está tranquilo
aquí antes de partir a casa
con el propósito de estar quieto y solo
para concluir otra intersección
en el cruce de caminos

No fue muy quieta esa noche
con camiones de tropas
soldados armados
la noche en que se lo llevaron

"¡Denle café,
mucho café!"

LA PLAZA DE LA TRINIDAD, GRANADA

Arabesques of thought
like my cigarette smoke
curl the fountain in the Plaza Trinidad
circled with trees and hundreds of chirping birds

background to the daily life of people
on terraces, a skateboarder rattling over
the polished tile of streets
you could hear him arriving to glide by the fountain
a family with granddad having a meal
bicycles whizzing by
a store with offers on domestic electronics
a Braun juicer for ten euros
with the oranges here in Spain
served fresh-squeezed in the bars
it had to be on offer

It's calm
here and time before I leave for home
to be quiet and alone
to complete another intersection
to stand in the crossroads

It wasn't so quiet that night
with troop trucks
armed soldiers
the night they took him

"Give him coffee,
lots of coffee!"

No estoy seguro de que puedo imaginarlo
aquí en la Plaza de la Trinidad
Oh, la santísima Trinidad
la conspiradora más sagrada
una vez más nos has decepcionado
con los medios extraordinarios
de tu salvación humana
este abandono de su vida
que tiene un don para ti

¿Eres uno? Yo soy uno. Él dos. Tú
Tres. Eso hace una trinidad.

I'm not sure I can imagine it
here in the Plaza of the Trinity
O, Holy Trinity
most holy conspirator
once again you've let us down
with the unique means
of your human salvation
this ditching of his life
who has a gift for you

Are you one? I'm one. Him two.
You three. Makes a trinity.

SAN SEBASTIÁN

Este es el lecho:
un rectángulo de opuestos
en el que la agonía y el gozo
descansan sus cráneos,
lo sabemos bien
hemos erigido un cielo
para que se levante de
este infierno.

SAINT SEBASTIAN

This the bed:
a rectangle of opposites
where agony and joy
rest their skulls,
we know it well
we've erected a heaven
to rise from this hell.

LA RED

Tejer una red
bien ajustada
alrededor del olvido de una persona
cuyo arrastre es el deseo
transformado en odio
su torbellino de polvo seco
succionando el verde de los olivares
marchitando alcachofas
semillas de granadas nacidas muertas
traqueteando en el descascarillar de sus escrotos

en las pupilas de alfiler
de los ojos de tus acusadores
todas y cada una de las cosas que hiciste por la huella
de una pluma fuente que respira...

¿Dónde, *Caudillo*, en la medianoche
del delirio de tu propia muerte
te resbalaste para esconderte
de lo que no podías escapar
cercenado por navajas
atrofiado en la manzana putrefacta
de tu corazón?

¿Cabalgaban por tus nubes de humo de revólver
en una tormenta de hojas marchitas de olivo
para restregar el verde en el chirrido de tu reino de horror?
Toda esa gente tosca sin tierra
de las pinturas negras de Goya
los huecos oscuros sin dientes de sus bocas

THE NET

to web a net
drawn tight
around a person's oblivion
which haul is desire
morphed into hate
its whirlwind of dry dust
sucking green from olive groves
wilting artichokes
stillborn pomegranate arils
rattling in the husk of their scrotums

in the pinpointed pupils
of your accusers eyes
all and everything you did for the scratch
of a nibbed pen breathing…

where, *Caudillo*, on the midnight hour
in the DT's of your own death
did you slip to hide
from what you can't escape
slashed by the razor blades
bedded in the withered apple
of your heart?

did they ride in on your clouds of gunsmoke
through a storm of dead leaves from olive groves
to rub green on the rasp of your reign of terror
all those rough landless people
from Goya's dark paintings
their toothless black mouth holes

resollando ajos y cebollas
sus caras furiosas marcadas por verrugas
mientras sus dedos retorcidos
y sus uñas asquerosas
taponeadas de mugre
con las que treparon
desde fosas en las afueras del pueblo
para convocar riachuelos en tus mejillas
las yemas de sus dedos humedecidas por saliva
atascados en los huecos de las orejas
lubricando el paso de su rabia que ruge
en la medianoche de tu agonía y muerte
cuando finalmente viste
que eras el perro hundido de Goya
abandonado a la eternidad completamente solo
enfebrecido y contaminado por tus pecados
perdiste
convicto por el viciado
berrinche portentoso de tus propias creencias

Perdiste
sus palabras quedaron libres
plata ondeando sobre las aguas
que nutren los surcos
que se levantan con el viento
gimiendo cante jondo
al ritmo de taconeos de botas gitanas
desde una hondura de alma que nunca poseíste

Enfebrecido, ardiendo con lágrimas sobre tus mejillas y
tubos de baba y la respiración entrecortada tan profunda
como tu grito primigenio, acaso este duende que inicia su

breathing garlic and onion
their wart-pocked faces raging
while their gnarled fingers
and their dirty nails
clogged with the dirt
out of which they clawed
from the burial pits on the far side of town
to scrape rivulets down your cheeks
their saliva-wetted fingertips
stuck in your ear holes
greasing the passage of their howling rage
in the midnight of your agony and death
when you finally saw
you were Goya's drowning dog
abandoned to eternity utterly alone
fevered and spiked by your sins
you lost
convicted by the manipulated
power tantrum of your own convictions

you lost
his words were free
rippling silver in water
that feeds furrows
lifting into winds
keening *cante jondo*
to the beat of gypsy boot heels
from a depth of soul you never owned

fevered in hot on your cheek tears and string drools
of snot and the gulping of breath as deep as your first
scream, would this duende that begins its roar from the

propio rugido desde las suelas de tus pies, estremece los músculos de tus piernas, inunda la libertad de tu relajada pelvis, una marea alta en las sendas de tus entrañas, para inflamar tus pulmones, para colmar de sangre tu corazón palpitante (oh, no aquietes nuestro corazón palpitante) y emerger pasando las constricciones de tu cuello para hacer estallar en el cerebro una corriente de tus pecados que navegan en olas de dopamina porque aullaron

Perdiste, *Caudillo*,
por el valor de sus libros
de primera, segunda y tercera mano
notas garabateadas en márgenes
páginas hojeadas en trenes, aviones y automóviles
en cuartos de estudiante
en las tablas de los teatros vivos
su don envuelto con lazos

soles of your feet, quiver up the muscles of your legs, flood through the freedom of your relaxed pelvis, wash a tide in the pathways of your entrails, to swell your lungs, to blood-gorge your beating heart (o, do not be still our beating hearts) and surge upwards, pushing past the constrictions of your neck to brain blast a tide of your sins surfing on the waves of dopamine because they howled

you lost, *Caudillo*
for the cost of his books
first-hand, second-hand, third-hand
notes scribbled in margins
pages thumbed on trains, planes, and automobiles
in student rooms
on the stark boards of living theatres
his ribboned gift

LA CAUSA OFICIAL

Choque endotóxico producido por
peritonitis bacterial aguda, fallo renal,
bronconeumonía, paro cardiaco,
úlceras estomacales, tromboflebitis
y parkinson.

Acaso todos no lo deseaban
  —hombres mujeres y niños—
como en el Antiguo Testamento,
y les tóco...

El cuchillo para destripar a quienes
asesinaste, bacterias para ti,
tu hígado sin poder filtrar más veneno,
flemas comprimidas con el aire de España
que no puedes ya respirar,
el detenido escuadrón de matones de tu corazón
sin amor,
sangre ulcerada por la sangre que derramaste
ahora embalsada en tus venas coaguladas,
temblando sin control desde el temor reunido
en tu concepción
desde el podrido lecho de semillas de tu granada marchita
"Pequeño hombre,"
enfermo y agonizando,
oh, niño interior.

---

1. Del libro de Wilhelm Reich, ¡Escucha, pequeño hombrecito!
donde trata el tema de la emocionalidad atrofiada: "Le temes a la
vida, pequeño hombrecito, con un miedo mortal. Asesinarás a la
vida creyendo que lo haces a favor del 'socialismo,' o el 'estado,' el
'honor a la patria,' o la 'gloria de Dios.'"

THE OFFICIAL CAUSE

Endotoxic shock brought about by
acute bacterial peritonitis, renal failure,
bronchopneumonia, cardiac arrest,
stomach ulcers, thrombophlebitis,
and Parkinson's disease.

Didn't everybody man woman child want it
Old Testament-style
and they got it…

gut knife from those you snuffed, bacteria to you,
your liver no longer filtering your poison,
phlegm constricted from Spanish airs
you can no longer breathe,
the arrested goon squad of your loveless heart,
ulcerated blood for the blood you spilled
now dammed in your clotted veins,
trembling uncontrollably from the collected fear
of your engendering
from the rotted seedbed of your withered pomegranate
Little Man,
diseased and dying,
O, Little Man[1]

---

1. This comes from Wilhelm Reich's book on the subject of stunted
emotionality titled *Listen, Little Man:* "You are afraid of life, Little
Man, deadly afraid. You will murder it in the belief of doing for the
sake of 'socialism' or the 'state' or 'national honour' or the 'Glory
of God.'

FEDERICO

A una calle de cualquier lugar
(quizá esto no sea suficiente)
palabritas por sobre el hombro
la fluorescencia de algo
que fue un hálito
volviéndose expresión de recelo
desde fuegos artificiales portentosos
guardando un golpe de humo
la raspadura de una frase
estas palabritas exactas
corren quebrándose
para estar despiertas
indican conduciendo quietas
bajo el enunciado
un camino extenso
un ruido metálico distante
una alarma con verbos naranja y rojo
y algo hay allí terriblemente mudo

Escribir
atiborrado con un caos de historias
paredes con libros como muelles
difícil mientras el libro no sea parte
de un embarcadero con arcos

Contra un muro blanco
cuelga el folio
una imagen negra
una figura recortada
el mecanismo de los libros

FEDERICO

A street from everywhere
(maybe this isn't enough)
small words over the shoulder
to a florescence of something
that was breath
coming up to a clause of suspicion
form spectacular fireworks
content a puff of smoke
rasp of a phrase
these small words tight
run snapping
to stay awake
drive still driving
under sentence
a long road
a distant jangling
an alarm with orange and red verbs
and there is something terribly silent

Writing
stuffed with the clutter of histories
walls with books for moorage
complicated as the book seems not part
of an arcaded harbour

Against a white wall
hung paper
a black image
a cut figure
the mechanisms of books

Toda una vida de sacrificio
al compás de nuestro grito y aliento primigenio

El viento soplando restos de los ceniceros
dejando colillas de Lucky Strikes
pilas de bultos
una mujer con un chal rojo
lleva una mantilla negra
desparramando ropa interior sucia

Vista junto al resto de la colección
la que aparentó ser una obra de género
vuelve a la conciencia
entrometiéndose
un libro con tema impuesto
lo preferido por la prensa diaria

¿Esperabas una respuesta
una colección de sobras
cayendo desde bolsas de tela
y la mujer del chal rojo
con la mantilla negra
de pie observando la carga?

Inmensas columnas sostienen el techo con pórticos
trozos de césped seco
en remolinos al otro lado del azulejo
una discusión en la puerta vecina
lloriqueos
una puerta retumba
un hombre sale

A lifetime of shouldering
at the sound of our first scream and breath

Wind blowing ash from trays
leaving the butts of Lucky Strikes
piles of cargo
a woman with a red shawl
wearing a black mantilla
spilling out dirty underwear

When viewed against the rest of the collection
what appears to be a genre work is
consciousness returning
intruding
a book with a theme being loaded
a darling of the Daily Press

Did you expect an answer
a gathering of remnants
crumbling from canvas bags
and the red-shawled woman
with a black mantilla
stands watching the loading

Huge pillars support the roof with arcades
bits of dried grass
in eddies across the terrazzo
an argument next door
crying
a door slams
a man leaves

A lo largo de estaciones y andenes
un viaje
maleta y bolsa al hombro

Un largo y abovedado cuarto subterráneo de piedra
una calle levantándose
lo gris se revuelca
envuelto de tal forma que salpica

Voces estridentes
a través de paredes delgadas
bofetadas, maldiciones
llanto y silencio

Poner al hombro, arrastrar, rellenar, empacar
la escritura parecía
mejorar y fluir
con la partida

escenas escritas sobre trozos de papel
contrabandeadas en forros de abrigos de ancianos
bajo mantones rojos
en las pretinas de la ropa interior
entregada apestando a sangre, hueso viejo y corazón
    palpitante
a lo largo de fronteras
reproducidas y escamoteadas
en esquinas
en callejones
en los cuartos traseros de los bares
mano a mano

Across stations and platforms
a journey
shouldered case and bag

A large, vaulted subterranean room of brick
the street raising
greyness rolled about
packed such that it spills

Shrill voices
through thin walls
slaps, curses
weeping and her silence

Shoulder, carry, stuff, and pack
the writing seemed
to pick up and run
departures

scenes written on slips of paper
smuggled in the linings of old men's coats
under red shawls
in waistbands of underwear
delivered reeking of blood, ancient bone, and
    pumping heart
across borders
copied and palmed
on corners
in alleys
in backrooms of bars
hand to hand

arrugadas y apretadas
el libro desciende
Sus escritos llegan
derramándose por andenes, muelles, pistas de aterrizaje
con nuestra historia oral que antecede a la aparición
de las naciones europeas
culos maquillados de chicos en oferta
bajo los arcos oscuros del Coliseo
nuestra historia más antigua que la Grecia clásica
las gráciles caderas de la juventud de mármol
y los ceños fruncidos de reinas filosóficas

Hay algo mudo

eso que llevamos...
equipaje que arrastramos
repleto de nuestro desdén por historias no engendradas
empacadas de modo que se rompen
mientras corremos hacia nuestra salida
derramando intimidades silenciosas
a lo largo de estaciones y andenes
sobre las que construimos
nuestro viaje
juntando nuestras sobras
rellenando y empacando
para recogerlas una vez más y correr

corre, chiquillo, corre
con el lienzo
al hombro, la tabla de cartón y el cuero
esa caja, el bolso, la maleta
llevados en la espalda

wrinkled and pressed
the book comes down
his books come down
spilling across platforms, docks, runways
with our oral history that pre-dates the emergence
of European nations
painted bums of the boys on offer
under the dark arches of the Coliseum
our history that goes beyond classical Greece
the hips of grace of marbled youth
and the furrowed brows of philosophical queens

There is something silent

that which we carry…
baggage we shoulder
stuffed with the clutter of our unengendered histories
packed such that it splits
as we run for our departures
spilling silent intimacies
across stations and platforms
upon which we build
our journey
gathering our remnants
stuffing and packing
to pick up once again and run

run boyo run!
shoulder
in canvas, cardboard, and leather
that box, bag, suitcase
backpacked

al compás de nuestro aliento y grito primigenios

en qué estación descansaremos
en qué atraso empleado para evaluar
esa primera vez
un tiempo continuo en el que
quienes éramos y somos y seremos
como en una línea progresiva
o círculo histórico
imploramos su pregunta
desde la riqueza de la mente
para quedar empobrecidos por respuesta
buscando la compra de nuestros pasajes
nuestros asientos reservados
nuestro viaje
hacia ese momento estremecido
que destroza nuestro poder
cuando nuestra hora ha llegado
y el alumbramiento de la muerte se inicia
el viaje en contra
a cuando éramos uno

Granadino
poeta
guapo

qué sería pasar algún tiempo contigo
caracolear mi lengua por la colina de tu nuca
susurrar dentro de la concha de tu oreja
donde el oscuro vino antiguo del mar suena
en el cuadrilátero de nuestra habitación
nuestra inmaculada corrida

at the sound of our first breath and scream

in what station do we pause
in what delay use to reflect
a first time
a long time when
who we were and are and will become
as in some progressing line
or History's circle
beg its question
from the mind's wealth
to leaves us poor in answer
to work the purchase of our tickets
for our reserved seats
our journey
to that unquiet moment
that shatters our power
when our time is due
and the labour of death begun
to journey on a backtrack
to when we were one.

Granadino
poeta
guapo

what would spent time with you be like
to snail my tongue up the nape of your neck
to whisper in the seashell of your ear
where the ancient wine-dark sea sounds
in the ring of our room
our immaculate *corrida*

a las cinco de la tarde

"Oh, Federico, Lorquita,
verdes, estamos verdes,
Green, we´re green..."

at five in the afternoon

"Oh, Federico, Lorquita,
verdes, estamos verdes,
green, we're green…"

UNO SOY YO = I AM ONE

Era demasiado joven. No recuerdo cuándo o cómo encontré aquel libro al que no pude acceder, simplemente superaba mi competencia como lector de literatura moderna, en mi primer año universitario. La traducción de Rolf Humphries de *Poeta en Nueva York* de García Lorca midiendo a través de sus imágenes, metáforas y frases mi incapacidad o insuficiencia para leer. Mi bautismo por inmersión vendría más tarde, mediante una especie de sometimiento al flujo, permitiendo que sus versos me condujeran hacia un nuevo territorio, suspendiendo mi necesidad de entendimiento y dejando que su música me llevara hasta que encontrara un hilo determinado. Decidí aferrarme a esto.

Siendo uno quien es y leyendo, ya mayor, la poesía de Lorca y sus obras de teatro, no se puede evitar seguir el arco enhebrado de su audaz conciencia escrita sobre su evolución como homosexual. Este no es, por supuesto, el único hilo a seguir en sus textos, pero para mí era la hebra de oro que dirigía al núcleo. Lorca nos brinda, urdimbre y trama, entrelazado con eticidad, honor y lealtad, el más importante testimonio homosexual de inicios del siglo XX por el mero hecho de su ausencia de teoría o justificación alguna. Para él la homosexualidad es, al igual que un hecho de la naturaleza, una hoja o un árbol, el curso de un río, a diferencia de, por ejemplo, Gide en su apología de *Coridion* o Proust creando una peculiar teoría de autofecundación para explicar su esencia. No es el caso de Lorca, en ningún lugar de su obra hay excusas.

UNO SOY YO = I AM ONE

I was too young. Don't remember where or how I got the book I couldn't penetrate, just that much beyond me being an apprentice in the reading of modern literature, my first year at university. The translation by Rolf Humphries of Lorca's *Poet in New York* (hereafter PNY) measuring by its images, metaphors, and phrases how much I didn't know or how to read. My baptism through immersion came later by a kind of submission to the flow, to allow his lines to carry me into new territory, to hold my need for understanding in abeyance and let his music carry me until I found a particular thread. I thought to hang onto this.

Reading, older now, Lorca's poetry and plays, I could not help but follow Lorca's threaded arc, being who one is, of the courageously written awareness of his growth as a homosexual. This is, of course, not the only thread to follow in his work, but for me this was the golden one that led to the centre of things, both for him and me personally. Lorca gifts us, warp and woof, weaving with morality, honour, and loyalty the most important homosexual testament of the early twentieth century by the mere fact that he doesn't theorize, or justify this preference; it just is, a fact of nature, a leaf on a tree, the course of a river unlike, for example, Gide in the apologetics of *Chorydon* or Proust inventing a bizarre theory of auto-fecundation as a way to explain this nature. Not Lorca, for nowhere in his work does he apologize.

Si al florecer de tu adolescencia son tuyos sentimientos sexuales y un deseo que lucen oscuros bajo la circundante luz de la vida heterosexual; ese fantasma en el rabillo del ojo que no se puede nombrar, estás completamente perdido hasta que encuentras el guiño de un deseo similar en el parpadeo de otro ojo, e incluso ahí existen territorios sin cartografía. Es factible construir un relato con la historia de cualquier joven en el umbral de su vida homosexual; sin mapa, compás o consejo, un territorio virgen se despliega ante él mientras se es consciente de, como escribe Lorca, "el primer gusto de la alcoba" o al encontrarse "asombrado con el alba oscura del vello sobre los muslos". Así uno está al borde de un bosque virgen, a orillas de un mar desconocido; hay peligros, rocas inundadas, picos de montaña y valles selváticos, todo lo ignorado.

El próximo capítulo del relato, en muchas ocasiones, es alejarse de las expectativas familiares, el creciente temor al negar el rumbo heterosexual del matrimonio y el nacimiento de los nietos, inmovilizado y sacudido por las esperanzas de los padres, por aquello que secretamente sabes de ti y no te atreves a decir; la carga de "salir del armario", si aquello es siquiera posible, con un silencio pesado hasta que en el círculo de una cena finalmente lo confiesas; comprobar sus rostros impregnados de una desilusión no disimulada. Los rigores de tu ciudad natal y tu comunidad empiezan a espolearte para buscar un centro mayor con el anonimato y el espacio necesarios para que tu deseo pueda ser ejercido sea en Madrid, Nueva York o Toronto; la liberación.

If at the burgeoning of your adolescence you own sexual feelings and desires that seem dark within the light of the heterosexual life that surrounds you, that feeling at the corner of the eye that you cannot name, you are truly lost until you catch the wink of a like-minded desire in the wink of another's eye, and even then, there are unmapped territories. A narrative can be constructed that tells the story of any young man's standing at the portal of his homosexual life; without map, compass, or advice, virgin territory spreads out before him while being aware of, as Lorca writes, "the first excitements of the bedroom" (*al primer gusto de la alcoba*) or "the dark dawning of the thigh's fine hairs" (*asombrado con el alba oscura del vello sobre los muslos*). So there you are on the edge of the unexplored forest, on the shore of uncharted seas; there are pitfalls, rocks awash, mountain peaks, and jungle valleys, all of which you do not know.

The next chapter in the narrative, in many cases, is to move away from the expectation of family, the growing dread of not following the heterosexual course of marriage and the birth of grandchildren, pinned and wriggling by familial hopes, by what you secretly know about yourself and dare not say; the burden of "coming out," if that is even possible, heavy with silence until ringed around the dining table you finally say; to witness their faces suffused with a not quite disguised disappointment. The strictures of one's hometown and community become a spur to seek in a larger centre both anonymity and a place where one's desires can be enacted, whether it be Madrid, New York, or Toronto, the break away.

Otra estación en este viaje es el fracaso del primer amor, basado, como suele ser, en necesidad y deseo, marcado por inmadurez y complementariedad; la crisis precipitada por el naufragio y la traición, como en la relación de Lorca con Emilio Aladren. Uno puede imaginarse lo que debe haber sido sentir un guiño o un gesto sutilmente percibido, cierto interés, y aún más, pues Aladren era atractivo. Imagínense la sonrisa, la mirada inquisitiva, el ligero asentimiento de la cabeza desde otro lado de la mesa, el paulatino incremento embellecido, como tendría que ser, por la necesaria confidencia, la temperatura creciente de la alegría, el suspenso y el deseo. Imagínense las maniobras sutiles, las señas, el trazar planes para estar juntos en posesión mutua, el dibujar una circunferencia, un círculo de amor hecho a través de ellos mismos entrelazados y protegidos en la burbuja de sus actos. Imagina, nuevamente, más allá de su elección, el salto del deseo al llegar la hora de un encuentro para ver a la niña de tu ojo caminar atravesando la plaza, por la vereda, sentado en la banca de un parque esperándote. Tu paso es ligero y uno nunca piensa que detrás de esta relación existe un interés, un subterfugio, el plan de Aladren, tan antiguo como la profesión más antigua; acercarse a través de la alegría máxima del cuerpo para compartir el éxito creciente de Lorca con el fin de ganar proyección para su carrera como escultor de tercera; el abandono de Lorca para casarse.

Este naufragio ofrece dos respuestas: la peor, una herida tan profunda que llega a lisiarlo. Y la otra, pese a la triste zona gris de lo que acaba, toca los manantiales del ser y logra vendar la herida de la flecha sanguinolenta incrustada en el corazón, para así sobrevivir, crecer. El proyecto de Lorca

Another way station in this journey is the breaking asunder of one's first love affair, based as it can be in need and desire coupled with immaturity and symbiosis—the crisis precipitated by the wreckage and betrayal of Lorca's relationship with Emilio Aladren. One can imagine how it must have felt—with a wink or a nod, somebody had taken notice, an interest, and even better, Aladren was handsome. Imagine the smile, the hooded eyes, a slight nod of the head across a table, the notch by notch increase, spiced as it would be by a necessary secrecy, the 'heat rise' of joy, suspense, and desire. Imagine the subtle ploys, to signal, to lay plans to be together in mutual possession, to scribe a circumference, a circle of love made around themselves, entwined safely in the bubble of their making. Imagine again, beyond preference, the leap of desire at the coming hour of a meeting to see the apple of your eye walk across a plaza, along a sidewalk, sitting on a bench in a park, waiting for you. Your step is light and one never thinks that below this affair might lie an agenda, a subterfuge, Aladren's plan as old as the oldest profession: to get close through the body's greatest joy, to align himself to Lorca's rising star, to give buoyancy to his own third-rate career as a sculptor. He abandons Lorca to run off and marry.

This wreckage offers two responses: worst, a wounding that cuts so deeply as to cripple, and the other, despite the bleak grey zone of the aftermath, to reach down into the wellsprings of your being to dress the wound of your bleeding arrow-pierced heart, to survive, to grow. The plan for Lorca to travel to New York was the

de viajar a Nueva York fue lo justo en el momento justo. En el anonimato de Nueva York Lorca podría esconderse y lamer sus heridas mientras se confrontaba con la ciudad más excesiva sobre la faz de la tierra. *Poeta en Nueva York*, su respuesta, no meramente homosexual, es el más espiritual *cri de cœur* de las letras en español y hoy exige su lugar en la literatura mundial. Sabemos que Lorca leyó la traducción al español de La tierra baldía de T.S. Eliot, aquel lamento espiritual del hombre moderno agonista. Pero Lorca, con gran valor, da un paso más y brinda luz a un rincón oscuro, da voz a un sobrecogido silencio en una obra tan sólida, tan rica, tan articulada que no puede ignorarse; él agrega el grito del hombre homosexual moderno.

¿Qué es lo que sabemos de la escena gay neyorquina de los años veinte o treinta, excepto el titular de una "Pansy Craze" ("Fiebre marica"), donde los bares "amigables" servían, siempre que uno comprara bebidas y se mantuviese en orden, donde Harlem era uno de los centros más alborotados? ¿Cómo respondemos a las preguntas que formula John Giorno en "Lorca, por favor, ayúdame", cuando se imagina con quien Lorca se habría acostado en la habitación 1231 del John Jay Hall donde escribiera *Poeta en Nueva York?* No debemos ignorar el ritmo de aquellas noches de Harlem, una ciudad en la que los deseos podían ser realizados vigorosamente, como es más que insinuado en un verso abierto y nada ambiguo del "Pequeño vals vienés" (*Dejaré mi boca entre tus piernas*). Recordemos, esto fue escrito en un tiempo en el que "el amor que no puede decir su nombre" no era discutido, ni tampoco los derechos de los homosexuales. Permítaseme

right thing at the right time. In the anonymity of New York, Lorca could both hide and lick his wounds while confronted with the brashest city on the face of the earth. *Poeta en Nueva York*, his response, and not just homosexual, is the most spiritual *cri de cœur* in Spanish literature and now claims its place in world literature. We know Lorca read the Spanish translation of T.S. Eliot's *The Wasteland,* that spiritual cry of struggling modern man. But Lorca, with great courage, goes one step deeper, sheds light in a corner of shadow, gives voice to a beaten silence in works so solid, so rich, and so articulate that they cannot be ignored; he includes the cry of the modern homosexual male.

What do we know of New York's "gay scene" of 1929–30 but the newspaper headline of a "Pansy Craze", where "friendly" bars in New York would serve you as long as you bought your drinks and kept quiet, where Harlem was one of its more rambunctious centres? How do we answer the questions put forth in John Giorno's "Lorca, please help me!" where he wonders who Lorca might have bedded in his room (1231) at John Jay Hall where he wrote *Poeta en Nueva York?* Let's not be squeamish about the rhythm of those Harlem nights ("and they slip lubricious [lewd, prurient] over water and sands, y patina lubricos por agua y arenas") is noted in a city where one's desire can be enacted with vigour as more than hinted at in that entirely open, unambiguous line from "Little Viennese Waltz," in *Poeta en Nueva York,* "I will leave my mouth between your legs" (*Dejaré mi boca entre tus piernas*). This was written in a time when "the secret love that bears no name" was not open for

citar un pasaje explícito en toda su musicalidad y coraje:

Dejaré mi boca entre tus piernas,
mi alma en fotografías y azucenas,
y en las ondas oscuras de tu andar
quiero, amor mío, amor mío, dejar,
violín y sepulcro, las cintas del vals.

O en una transliteración de mi autoría:

Dejaré mi boca entre tus piernas
mi alma en el museo de recuerdos de la fotografía
en la dorada fragancia de las azucenas que crecen
y en los necesarios pasos ocultos de tu partida
mi amor, mi amor, quiero escapar
a la subida vertiginosa de la alegría de los violines y la
    tumba de la pequeña muerte
las cintas de semen sobre tu cuerpo desde el vals que es
    nuestro sexo.

No es sorprendente que Lorca concibiera su obra de teatro *El público* estando en Nueva York. En esta pieza maravillosamente surrealista, la más explícitamente homosexual de todas sus obras de teatro—donde dicho amor es el tema principal—condena la frivolidad del teatro como mera entretención y lo hace mediante la subversión de convenciones tanto escenográficas como del auditorio. *El público* posee temas que también se dan en *Poeta en Nueva York*: "las arenas movedizas de la identidad del ser y la lucha por trascender a las máscaras impuestas por la sociedad" (como señala Christopher Maurer en su introducción a *Poeta en Nueva York*). Esta

public discussion. Allow me to quote that forthright passage in all its song and bravery:

> I will leave my mouth between your legs,
> my soul in photographs and lilies,
> and in the dark wake of your footsteps,
> my love, my love, I want to leave
> violin and grave, the ribbons of the waltz.

Or in my own translation:

> I will leave my mouth between your legs
> my soul in the photograph's museum of memory
> in the gilded fragrance of the lily's growth
> and in the necessary hidden footsteps of your going
> my love, my love, I want to leave
> the soaring joy of violins and the grave of the little death
> the ribbons of semen upon your body from the waltz that is our sex.

It is no surprise to me that Lorca conceived and wrote his play *El Publico* (*The Audience*) while in New York; this wonderfully surreal and most overtly homosexual of his plays—where homosexual love is its main theme—condemns the theatre's frivolity of entertainment value by disrupting the rigid lines of stage and auditorium. *El Público* contains themes also represented in PNY: "the quicksand of identity and the struggle to transcend societal masks" (as noted by Christopher Maurer in his introduction to PNY). This play contains, for me, one of the sharpest of arrows.

obra contiene, para mí, una de sus flechas más afiladas. En las postrimerías del naufragio amoroso antes señalado, las conclusiones más importantes son las preguntas que emergen de las cenizas del amor consumido. Lorca, en *El público* vincula, en imagen y metáfora, la homosexualidad al mundo clásico de Grecia y Roma y, sin embargo, parece asimismo distanciarse de la carnalidad de la vida gay en general, como en este pasaje de la "Oda a Walt Whitman" de *Poeta en Nueva York*:

Contra vosotros siempre, que dais a los muchachos
gotas de sucia muerte con amargo veneno.
Contra vosotros siempre,
Fairies de Norteamérica,
Pájaros de la Habana,
Jotos de Méjico,
Sarasas de Cádiz,
Ápios de Sevilla,
Cancos de Madrid,
Floras de Alicante,
Adelaidas de Portugal.
¡Maricas de todo el mundo, asesinos de palomas!
Esclavos de la mujer, perras de sus tocadores,
abiertos en las plazas con fiebre de abanico
o emboscadas en yertos paisajes de cicuta.

Su invectiva, "Contra vosotros siempre", parece bast-ante clara a partir de lo que Lorca escribe sobre la vida gay fuera del sexo, el día a día de la vida homosexual; también está el reconocimiento, contundente en los epítetos homofóbicos (*Frutas* de Toronto), de una demografía forzada, en distintos lugares, a vivir de tal manera por la

During the above-mentioned aftermath of Lorca's broken affair, and my own first wreckage, the most important result was the questioning that rises from the ashes of that burnt romance. Lorca, in *El Público* ties, in image and metaphor, homosexuality to that of Classical Greece and Rome, yet, seems to make distance from carnality alone and gay life in general in this passage from *Poeta en Nueva York* in "Ode to Walt Whitman"/ "Oda a Walt Whitman":

> Always against you, who give boys
> drops of foul death with bitter poison.
> Always against you,
> Fairies of North America,
> Pajaros of Havana,
> Jotos of Mexico,
> Sarasas of Cadiz
> Apios of Seville,
> Cancos of Madrid,
> Floras of Alicante,
> Adelaides of Portugal
> Faggots of the world, murderers of doves!
> Slaves of women. Their bedroom bitches.
> Opening in public squares like feverish fans
> or ambushed in rigid hemlock landscapes.

His condemnation, "Always against you" (Contra vosotros siempre), seems fairly clear from what Lorca writes of gay life outside of sex, gay life's actual daily situation; there is also the recognition as evidenced by the homophobic epithets (*Fruits* of Toronto), of a demographic across all populations forced to live in

represión religiosa y heterosexual. "El amargo veneno" es lo que la vida homosexual se fuerza a experimentar bajo una atmósfera de ponzoñosa homofobia; desayunos, comidas y cenas para nutrir el odio hacía uno mismo, la marginación y la amargura.

Hay otro modo también, en mi opinión, de leer este pasaje; contraponiéndolo al amor más espiritual atribuido a Whitman (*del amor que reparte coronas de alegría*). Lorca, con bastante precisión, en unos pocos versos, describe una vida gay sin espiritualidad en la que las palomas, los jóvenes, o los recientemente 'salidos del armario,' reciben el veneno amargo que la voz del poema denuncia. La lista nos brinda la jerga universal de dicha aversión. El poema continúa describiendo mujeres que buscan la compañía de hombres seguros sin el riesgo de un avance sexual, y que a la vez permiten socializarse al modo de "algo es mejor que nada". La descripción espléndida que sigue la enfebrecida afectación en plazas públicas de los más evidentemente gays, corrobora el hecho de que eran / son los más afeminados quienes han recibido mayores agresiones, por ser más visibles. El verso final es donde todo el poema muta hacia una segunda lectura, melancólica y compasiva porque los homosexuales están atrapados entre la conciencia de su naturaleza y el odio hacia sí mismos, mientras todavía son emboscados, agredidos y asesinados bajo el escenario de la fatal bebida socrática.

Pero hay otros que pasan, sin titubeos, bajo el radar, angustiados en silencio por su esencia primigenia, que se resuelve en la agonía de su educación católica (adoctrinamiento), a la que respetan y temen, conteniéndose,

this manner by religious and heterosexual repression. "Bitter poison" is that homosexual life forced to live in an atmosphere of poisonous homophobia; ingested breakfast, lunch, and dinner for a meal of self-loathing, outcast and self-disgusted.

There is also, for me, another way to read this passage— set against the more spiritual love ascribed to Whitman ("of the love that bestows crowns of joy" (*del amor que reparte coronas de alegria*). Lorca, quite precisely and in very few lines, describes gay life without spirituality, where doves, younger or the newly 'out,' are given the bitter poison of self-loathing which the speaker of the poem decries. The list gives us the universal slang of this detestation. The piece goes on to describe women who require the company of safe men without any possibility of a sexual come-on, and at the same time, allowing a socializing in a kind of "any port in a storm." The splendid description that follows of the feverish mincing in public squares of the more obvious gays attests to the fact that it was/is the more effeminate who have taken it on the chin, being more visible. The last line is where the whole piece turns into a second reading, sad and sympathetic, because homosexuals are caught between the awareness of their nature and their ingested self-loathing, while still ambushed, beaten, murdered in the landscape of Socrates' fatal drink.

But there are "others" that pass, without blip, through the radar, silently distressed by their elemental nature, twisting and turning in the throes of a Catholic

al cruzar plazas en imitación desoladora. Dicho horror, angustiado pero emocionante, es el que combate Lorca; allí es donde uno entrecruza la línea que se dibuja entre la fascinación y la distancia (la del transgresor y represor simultáneo), la agónica desavenencia. ¿Cómo, al surgir el deseo, puede uno arrodillarse para rezar? Pero la obtención y el reconocimiento de la espiritualidad, la necesidad del alma más allá del cuerpo, es lo que brindará libertad. En aquel punto se inicia el cuestionamiento: ¿es posible la vida espiritual? ¿Dónde es que uno—Lorca mismo, o el hablante del poema y el drama—se posiciona? ¿Dónde se posiciona cualquier persona homosexual? ¿Cuáles son las implicaciones de esta preferencia más allá del sexo?, ¿quién eres?; ¿cuál es tu identidad? Lo mejor, y es lo que agradezco a Lorca por su don, es que él responde a este cuestionamiento, no nos deja en vilo o apaciguados por un *deus ex machina*.

En la escena II de *El público*, el Niño cae desde las alturas para anunciar la llegada del Emperador. Esta escena, interpretada por el Niño, Figura de Cascabel, Figura de Pámpano, el Emperador y el Centurión, es una iluminada y resonante respuesta a la indagación espiritual de un homosexual en medio de una crisis de identidad, atrapado entre su naturaleza y el ostracismo social (conflicto padecido por cualquier homosexual en este punto). Pero, primero una necesaria digresión.

El idioma español, en su sabiduría, posee dos formas para el verbo de identidad. *Ser y estar y*, pese a ser bastante irregulares en su conjugación, muy apropiadamente diseccionan los dos estados del ser. *Estar* es el verbo

education (indoctrination) that fear mincing across the squares in desolate imitation. The anguished but exciting horror, which Lorca struggles with, where one criss-crosses the line that Lorca has drawn between engrossment and detachment as both transgressor and guard, is the agonized friction. How when sexual desire arises does one kneel in the attitude of prayer? It is the attainment and recognition of spirituality, the soul's need beyond the body, that will set homosexuals free. It is at this point where the questioning begins: Is a spiritual life possible? Where does one—in this case, Lorca himself, or the speaker of the poem and play—stand? Where does any gay stand? What are the implications of this sexual preference beyond sex; who are you: What is your identity? The best thing (and I thank Lorca for his gifts) is that he answers the questions; we are not left hanging or mollified by some *deus ex machina*.

In Scene II of *El Publico,* Boy, wearing red tights, drops from above to announce the arrival of the Emperor. This scene, played by Boy, Bells, Vine Leaves, Emperor, and Centurion, is a brilliant and resonant answer to the soul-search of a homosexual in a crisis of identity, caught between his nature and social ostracism, of any gay man brought to this point; but first, a necessary digression.

The Spanish language in its wisdom offers two forms of the verb "to be." They are *estar* and *ser* and despite being highly irregular in their conjugation parse quite finely two states of being. *Estar* is the verb of that

de aquello que cambia o de lo que se hace. Por ejemplo, empleando la primera persona singular: estoy enfermo. Estoy enfermo pero, esto es lo importante, enfermo sólo por un tiempo y hay esperanza de que la salud pueda recuperarse. Mientras que, *soy enfermo*, de nuevo, en primera persona singular, nos dice que soy enfermizo, una condición inamovible inherente a lo que uno es, una señal inequívoca que enlaza al sujeto con el objeto. El *I am one* del inglés, por lo tanto, sería, en español, el *soy uno* o, más enfáticamente, *Uno soy yo*.

Precisando esta distinción verbal, la viñeta al final de la Escena II confirma su enfoque homosexual. Una escena cuyo modelo es un "Amor griego" idealizado. Al llegar el Emperador pone sus brazos alrededor del Niño, que lo ha anunciado, y lo conduce a las ruinas romanas.

Luego oímos llorar al Niño, y el Emperador regresa a escena solo. Mientras los dos están en las ruinas y antes del "extendido lamento" del Niño, el Centurión, ejemplo resplandeciente de heterosexualidad (y frustrado por cosas de maricas), afirma que el Emperador busca a uno. Toda esta escena gira alrededor de la palabra "uno". En respuesta a la pregunta del Centurión (que ha sido encargado por el Emperador para buscar a aquellos que son uno), ambos, Figura de Pámpano y Figura de Cascabel, afirman "Uno soy yo". Nótese el uso del verbo, la naturaleza inalterable inherente a su empleo. En mi versión al inglés, esta respuesta es traducida con la contracción "I´m one", que no es exacta en el significado. "I´m one" no tiene la profundidad ni la asertividad de la respuesta en español puesto que sólo implica un reconocimiento, mientras que

which changes or does something. For example, using the first-person singular, "*Estoy enfermo*" (I am sick). Note, though, that I am sick, but only for the moment, as there is hope that health can be regained. In contrast, the verb *ser*, as in the first-person singular "*Soy enfermo*," tells you that I am sickly, an unchanging condition of who one *is*, an equal sign that binds subject and object: (*Uno soy yo*) = (*I am one*) = *I one*.

With the above verb distinction in mind, the vignette played out at the end of Scene II puts paid to any notion that this isn't a homosexual scene—a scene modelled on an idealized "Greek love." Upon arrival, the Emperor wraps his arms around Boy who has announced him and takes Boy off to the Roman ruins.

Later we hear Boy cry out, and the Emperor arrives back onstage alone. While the two are in the ruins and before Boy's "protracted cry," the Centurion—the shining example of macho heterosexuality and foil to the homosexual goings-on—states that the Emperor seeks the one. This entire scene revolves around the word "one." In reply to the Centurion's questioning (he has been charged by the Emperor to seek out those who are one), both Vine Leaves and Bells state in Spanish, "Uno soy yo." Note the use of the verb *ser* (to be), the unchanging nature implied by that verb's use. In my English translation this response is translated as the contraction "I'm one," which is not accurate in meaning. "I'm one" has neither the depth nor the surety of the Spanish reply, as it really only means recognition, whereas the Spanish trembles with subtle and further meanings.

en español resuena con sentidos más hondos y sutiles.

Es esta particular afirmación la que me atraviesa, como lector, y otorga una correspondencia a la lectura que reverbera con hondura. El "Uno soy yo" de esta respuesta no sugiere un simple reconocimiento, el guiño de un ojo, sino más bien la comprensión de la naturaleza inalterable de ser homosexual, implicando que este *uno* es singular en su aislamiento (téngase en cuenta el momento en el que esto fue escrito y, pese a la mayor justicia del presente, la aserción y la insistencia del Centurión sobre el que "uno es siempre uno"). También esta respuesta comprende que "uno" tiene un futuro sin germinación y en ese caso, y para mí como lector, resuena con inquietud: ¿si eres uno y exclusivamente uno, qué vas a hacer al respecto? ¿Tienes la obligación de dejar algún legado fuera de los niños? En una cita del libro de Richard L. Predmore *Lorca's New York Poetry*, en la página treinta, encuentro estas líneas: "... una idea más de una vez expresada por el poeta: los frutos del amor heterosexual están destinados a convertirse en pasto de la muerte. El amor invertido es estéril. Debe ser anhelado, entonces, por tener la virtud de desairar a la muerte en el cobro de su habitual peaje." ¿Puede ser un legado llenar de dones al niño interior, permitir que esos pequeños crezcan y que a su vez ofrezcan sus dones? ; ¿cuán regenerativo puede ser esto? ¿Hay alguna responsabilidad, después de la satisfacción sexual, de proteger, de dar sentido a "otro" uno, uno de nuestra propia especie?

No pretendo definir totalmente esta escena particular en todas sus alusiones y metáforas, pero sí enfatizar cómo una correspondencia personal surge del hecho de que Lorca

It is this particular statement that pierces me, the reader, and brings a correspondence to the reading that reverberates in profound ways. The "I am one" of this reply does not merely suggest recognition, the wink of an eye, but rather an understanding of the unchanging nature of being a homosexual with connotations of this "one" being singular in his isolation; remember the time in which it was written and despite present equalities, the assertion and reinforcement from the Centurion that "one is always one." Also, this reply understands that "one" has a non-engendered future and in that case, and for me the reader, trembles with questions: If you are one and only one, what are you going to do with it? Do you have a responsibility to leave a legacy other than children? On a note of reference from Richard L. Predmore's *Lorca's New York Poetry* (page 30), these lines: "...a notion more than once expressed by the poet: the fruits of heterosexual love are fated to become the fodder of death. Inverted love is barren. It may be looked upon, then, as having the virtue of cheating death out of its usual fare." Can a legacy be to gift the child within, to allow those children to grow and in turn, offer their gifts, how generative this might be? Is there a responsibility after sexual satiation to protect, to give meaning to an "other" one, one's own kind?

I do not intend to pin to the wall of definitive meaning of this particular scene in all its allusions and metaphors, but to spotlight how a personal correspondence arises from the fact that Lorca was brave enough to

fuera suficientemente valeroso para escribirla. En el relato de la vida homosexual, cuando los apetitos en el buffet de los encuentros eróticos han sido satisfechos (bueno, figurativamente), o en el simple hecho de que se ha dejado la juventud atrás, este "uno" empieza a reflexionar acerca de la vida vivida, y el futuro del "uno" como uno y exclusivamente uno. Esta escena en particular, de todo lo que he leído y disfrutado en la parábola de la conciencia homosexual escrita por Lorca, es donde sus flechas más agudas y dolorosas han dejado sus marcas. ¿Cuán solitario serás como uno? ¿He ofrecido algo a cambio? ¿Será mi creatividad suficiente en un futuro, sin niños, sin propósito? Moriré como uno porque uno es uno. ¿Un uno deja un legado? ¿Hay algún don que uno pueda entregar?

La escena finaliza con referencias clásicas después de que la Figura de Pámpano y Figura de Caracol han sido desnudados por Centurión siguiendo las órdenes del Emperador, donde Figura de Pámpano dice con simplicidad y elegancia, "Tú me conoces, tú sabes quién soy". Nuevamente, el uso de la primera persona singular de *ser*, mientras se desnuda para revelar (como sugieren las indicaciones de la escena) su cuerpo blanco de mármol, una referencia directa a Grecia y Roma clásicas, mientras el Emperador lo abraza y afirma "Uno es uno". Figura de Pámpano responde, "Y siempre uno. Si me besas yo abriré mi boca para clavarme, después, tu espada en el cuello". Uno inmediatamente nota que el sexo depende de un beso, de una señal de amor, de la intimidad. Figura de Pámpano y el Emperador continúan con sus votos de

write it. In the narrative of the homosexual life, when the appetites at the buffet of assignations have been whetted (well, figuratively), or in the simple fact that you have left your youth behind, this "one" begins to reflect on the life lived and "one's" future as one and only one. This particular scene, from all that I've read and enjoyed of the arc of Lorca's written homosexual awareness, is where the arrows poignant and sharp have hit their mark. How alone as one will you be? Have I given something back? Will my creativity be enough without a childless future, without issue? I will die as one because one is one. Does one leave a legacy? Is there a gift one can give?

The scene ends in classical references after Vine Leaves and Bells have been stripped by the Centurion on the Emperor's orders, when Vine Leaves states simply and elegantly, "You know me, you know who I am." (*Tu me conoces. Tu sabes quien soy.*) Again, note, the use of the first-person singular of *ser* while Vine Leaves is stripped to reveal (as stage directions suggest) his white-marbled body, a direct reference to Classical Greece and Rome, while the Emperor embraces him and states, "One is one." Vine Leaves replies, "And always one. I'll open my mouth, and then, I'll thrust your sword into my throat, if you'll kiss me." (*Y siempre uno. Si me besos, yo abrire mi boca para clavarme, despues, tu espada en el cuello.*) One immediately notes that the sex is dependent upon a kiss, a sign of love, of intimacy. Vine Leaves and the Emperor continue with vows of love and "oneness" despite the interruption of characters denouncing, as some always will, this "treachery and

amor y "unidad" a pesar de la interrupción de otros personajes, como siempre sucederá, "¡Traición! ¡Nos han traicionado!", la escena concluye con los brazos del Emperador alrededor de Figura de Pámpano en esa tan clásica relación en la que el hombre mayor toma al joven como su *protégé* para mimarlo, para enseñarle, para amar y celebrar. En esta lectura "uno" contempla el anhelo de devolvernos algo –como en Lorca, que ha entregado su don que es un testamento desde las profundidades- desde la aridez y el desierto espiritual hasta cimas de alegría, volcadas en imágenes y metáforas, que dan voz a una vida, como uno, que ha sido largo tiempo silenciada.

Lorca afirma en numerosas instancias que su escritura es amorosa; cuando leí esto por primera vez pensé, sinceramente, que era algo cursi, al haber sido la palabra amor tan mal utilizada, tan manipulada. Reflexionando he llegado a la conclusión de que su don es el cariño profundo, la ternura y el cuidado; y ese uno, que es siempre uno, puede lograr esto más allá de lo físico—"las zarzas y los fragmentos de vidrio" de la represión, la homofobia, el odio hacia sí mismo—por medio de la reconciliación con la naturaleza propia, con valor para erguirse por completo, desnudo, enfocado en el mármol. Quiero decir, que ese "uno" tiene una moral más allá de la construida por la religión, aquella rabiosa inquisidora de todo lo homosexual. Lejos de un código ciego en el que una persona no debe pensar, evaluar o decidir, sólo asentir. Una moralidad personal cuya existencia en el "uno" es negada como increíble, no disponible o improbable, hasta que

betrayal" (*Traición! Nos ha traicionado!*). The scene ends with the Emperor's arms around Vine Leaves in that most classic of relationships—the older man takes the young one as protégé, to protect, to teach, to love and honour. This reader entertains the hope that we give back to our own, as Lorca has given his gift of testament, one that climbs from the depths of aridity in a spiritual desert to peaks of joy that tumble in images and metaphors and give voice to a life that has been silenced for too long.

Lorca states in a number of places that his writing is about love. When I first read this I thought it, to be frank, rather corny, as the word love has been so widely mismanaged, manipulated. On further reflection, I've come to the conclusion that his gift is about deep caring, tenderness, regard, and that the one who is always one can attain this beyond the physical— "the brambles, and the shards of glass" of repression, homophobia, self-loathing—through reconciliation with one's nature, with courage to stand in full view, naked, marbled, centred, by which I mean that the "one" is moral beyond that constructed by religion, that rabid persecutor of all that is homosexual. Beyond a blind code where a person doesn't have to think, assess, or decide, but only follow. A personal morality which existence in the "one" is denied as unbelievable/ unavailable/impossible until Lorca, through his expressed homosexual testament, proves them wrong publicly, firm in the *Querencia*[2] of his gift.

---

2. *Querencia* is that place in the bullring, wherever the bull retreats to, where he feels most safe and secure, his homing instinct, and the place in the ring that he most frequents. It is the matador's job

Lorca, a través de su manifiesto testamento homosexual, prueba públicamente que están equivocados, firme en la *querencia* de su don.[2]

Casi creí que las cualidades antes mencionadas podían ser suficientes hasta que me di cuenta de que abstracciones como lo moral, el honor y la lealtad ciertamente eran lo que son, pero no lo que se hace o cómo se actúa. El espacio para poner esto en marcha, como he dicho, es la esperanza ofrecida al reconocer que el Emperador y Figura de Pámpano son "uno" *juntos*. Esta relación— que no es simplemente la de alguien mayor y alguien más joven, sino la de alguien más poderoso que otro, más experimentado que otro—es el espacio en el que la moralidad, el honor y la lealtad pueden realizarse. Es este modelo de relación, el único modelo de relación elevada que nosotros como "uno" podemos emular, el que Lorca coloca al final de la Escena II. Entonces, ¿cómo pueden el *protecteur* y el *protegé* funcionar de la forma más elevada? Mi *protecteur*, un artista, hizo más que guiarme a través de confituras homosexuales; con gran tino, lentitud y consideración, me dio enseñanzas, con delicadeza, para hacer posibles satisfacciones mutuas. Y no terminó ahí; me instruyó en el arte, la música y la buena mesa y el vino; discutimos los distintos medios para el arte, la música, desde la clásica hasta el jazz, además de cenas con comidas

2. 'Querencia' es ese lugar en la arena donde el toro retrocede y se siente más seguro y protegido, su instinto hogareño, el sitio en la plaza que más le agrada. Es la labor del torero desplazarlo, no permitirle al toro regresar a ese lugar angustioso pero calmo. Sí, esta es una metáfora. Los toreros son aquellos que, probablemente por pánico, no comprenderán que con ética, honor y lealtad, la sexualidad humana, en todas sus facetas, es y puede estar en la esencia de las cosas, el amor.

I almost believed that the above-mentioned qualities might suffice until I realized that the abstracts of morality, honour, and loyalty were certainly what they are but not what they do or how they actually play out. The place to set this in motion, as I have said, is the hope offered by the recognition that Emperor and Vine Leaves are "one" *together*. This relationship, of not just older and younger, but more powerful and not, plus experienced and not, is the location where morality, honour, and loyalty can be enacted. It is this model of relationship, the only such elevated example or model we as "one" can emulate, which Lorca places at the end of Scene II. So how can *protecteur* and *protégé* at their most elevated work? My protecteur, an artist, did more than guide me in the ways of gay sexual bonbons, with great care, slow and considered, introductions, so very smoothly to achieve our mutual enjoyments. It did not end here; he taught me about art, music, and fine cooking paired with wines; we discussed the range of art mediums, music from classical to blues and jazz, plus dinners with new foods beyond the roast beef and Yorkshire pudding of my growing up. All this a kind of polishing, bringing you out, developing your taste… what do you like and why? These lessons have endured for this lifetime. It also became time to graduate, so, on a mild, Sunday afternoon sitting close, he told me I had the intelligence to be the artist I wanted to be, that

---

to displace him, to not allow the bull to return to that articulated, anguished, but safe place. Yes, that is a metaphor. The matadors are those who, perhaps out of fear, will not understand that with morality, honour, and loyalty, human sexuality in all its facets is and can be at the bottom of things, love.

nuevas más allá de la carne asada y el pudín Yorkshire de mi adolescencia. Toda una especie de perfeccionamiento, haciéndote brotar, desarrollando tus gustos… ¿qué es lo que prefieres y por qué? Estas lecciones han durado toda una vida. Y también llegó el momento de graduarse; así, en una cálida tarde de domingo, sentados y muy juntos, me dijo que era mía la inteligencia requerida para ser el artista que deseaba, que ya había comprendido que un artista es el que resuelve conflictos. Hablamos acerca de la primera obra de arte que compré; él me había llevado a una exposición, me introdujo e impulsó mi entusiasmo para adquirir una obra de arte, un grabado:

Un payaso con su disfraz
de volantes y pompones
salta para atrapar un ave que pasó volando
su exuberancia
su error
su intento
por probar, como debe ser

Con un abrazo y un suave empellón, continué el curso de mi vida. Esto es lo mejor de las relaciones entre hombres, la forma elevada a la que Lorca se refiere, donde encontré a Jack y luego a Federico; tierra fértil en la que la siembra cosecha por su dedicación, por su arte, por su moralidad, honestidad y lealtad…

"Lo que pasa, si es verdad lo que me dices, es que eres tan anormal como yo. Que lo soy en efecto. Porque solo hombres he conocido; y sabes que el invertido, el marica me da risa, me divierte con su prurito mujeril de lavar,

I already knew that the artist is the solver of problems. We spoke about the first piece of art that I ever bought; he'd taken me to an exhibition, introduced me, and furthered my excitement to actually purchase a piece of art, an etching:

> A clown in his costume
> of frills and pompoms
> leaps to meet a bird flying past
> his exuberance
> his failure
> his attempt
> to try, as he must

With a hug and a gentle nudge, I walked out into the rest of my life. This is the very best of male-to-male relationships, the high form that Lorca alludes to where I met Jack and later, Federico; significant soil where the plantings prosper by their dedication, their art, their morality, honesty, and loyalty...

> The fact of the matter, if what you say is true, is that you are as abnormal as I am. Because in fact I am. Because I have known only men; and you know that the homosexual, the fairy makes me laugh, amuses me with his womanish itch to wash, iron and sew, to paint himself, to wear skirts, to speak with effeminate faces and gestures. But I don't like it. Normality is neither your way of knowing women, or mine. What's normal is love without limits. Because love is more and better than the morality of a dogma, Catholic morality;

planchar y coser, de pintarse, de vestirse de faldas, de hablar con gestos y ademanes afeminados. Pero no me gusta. Y la normalidad no es ni lo tuyo de conocer sólo a la mujer, ni lo mío. Lo normal es el amor sin límites. Porque el amor es más y mejor que la moral de un dogma, la moral católica; no hay quien se resigne a la sola postura de tener hijos. En lo mío no hay tergiversación. Uno y otro son como son. Sin trueques. No hay quien mande, no hay quien domine, no hay sometimiento. No hay reparto de papeles. No hay sustitución, ni remedo. No hay más que abandono y goce mutuo. Pero se necesitaría una verdadera revolución. Una nueva moral, una moral de la libertad completa. Ésa es la que pedía Walt Whitman. Y ésa puede ser la libertad que proclame el Nuevo Mundo: el heterosexualismo en que vive América. Igual que el mundo antiguo".[3]

Qué triste que el lugar en el que Lorca pusiera su esperanza, Estados Unidos, aún se retuerza con la atadura de su absurdo evangélico.

El amor estéril brota eterno
su hijo no nacido
alumbra su arte[4]

---

3. Palabras del propio García Lorca, en un artículo de Cipriano Rivas Cherif, de una conversación mantenida con el poeta. En "Lorca´s New York Poetry" de Richard L. Predmore.
4. A partir de una idea de Robert Duncan.

there is no one can make me resign myself to the sole stance of having children. In my way there is no misrepresentation. Both are as they are. Without switching. There is no one who gives orders; there is no one who dominates; there is no submission. There is no assigning of roles. There is no substitution or imitation. There is only abandon and joyous mutual possession. But it would take a real revolution. A new morality, a morality of complete freedom. That is what Walt Whitman was asking for. And that may be the freedom the New World will proclaim: the heterosexualism in which America lives. Just like the ancient world.[3]

How depressing, the place where Lorca put his hope, America, still writhes in the bind of its evangelistic nonsense.

barren love springs eternal
his unborn son
bears his art[4]

---

3. Lorca's own words recounted in a newspaper article by Cipriano Rivas Cherif in conversation with Lorca, come upon by Richard L. Predmore and quoted in his "Lorca's New York Poetry," footnoted on pages 82–83.
4. An expansion on a thought by Robert Duncan.

REFERENCES

Duncan, Robert. 2012. "Appendix 3: Preface (1972) to *Caesar's Gate: Poems 1949-50*." In *The Collected Early Poems and Plays*, edited by Peter Quartermain, 702–722. Oakland, CA: University of California Press.

Erichsen, Gerald. n.d. "Two Verbs Meaning 'To Be': 'Ser' and 'Estar.'" http://spanish.about.com/cs/verbs/a/servsestar.htm.

Giorno, John. n.d. "Lorca, please help me!" http://www.thislongcentury.com/?p=3683&c=94.

Lorca, Federico García. n.d. *El Publico*. Coleccion Huerta de San Vicente, No. 2. Madrid: Fundacion Federico Garcia Lorca/Editorial Comares.

———. 2013. *Poet in New York: Bilingual Edition*. Edited by Christopher Maurer, translated by Greg Simon and Steven F. White. New York: Farrar, Straus and Giroux.

———. 1994. "The Public." In *Lorca Plays: Three*, translated by Henry Livings. London: Bloomsbury Methuen Drama.

Predmore, Richard L. 1980. *Lorca's New York Poetry: Social injustice, dark love, lost faith*. Durham, NC: Duke University Press.

EL FINAL DEL VIAJE

Me pregunto si

al situarse en lo extraordinario para buscar lo cotidi-
ano uno piensa acerca de ello... aquel torbellino hacia
lo vivo en el que, finalmente, el polvo se posa, el entusi-
asmo se apacigua revelando un ímpetu auténtico bien
arraigado; pasar un día en la vega, el valle fértil, del que
Lorca extrae la sustancia de sus metáforas e imágenes.

Acepté

la invitación a una *romería*, una procesión, en la que la
estatua de San Isidro, en su festividad, es transportada
desde su lugar de reposo, seguida por invitados espe-
ciales, hasta una capilla en el campo, y en este día, una
banda de músicos contratada desde Fuente Vaqueros,
donde nació Lorca, lo que requería...

Mirar atrás

con el propósito de echar un vistazo, desde un cami-
no empedrado que cortaba bosquecillos de nueces y
cerezos próximos a tierras de cultivo, hacia Granada,
intuida a la distancia con el campanario de la Alham-
bra, su tintineo señalando los cambios de flujo de una
acequia a otra, donde, avanzado el día, volvimos sobre
nuestros pasos.

Me di otro momento

THE LAST PART OF THE JOURNEY

i wonder if

standing in the unfamiliar to seek the familiar, one thinks about it… that whirlwind into existence where finally dust settles, enthusiasm calms to reveal an original well-founded impetus; to spend a day in the Vega, the fertile plain, where Lorca draws the sustenance of his metaphors and images.

i accepted

an invitation to a *romería*, a procession, where the statue of San Isidro on his feast day is carried from his resting place in chapel out into the countryside followed by invited guests, and on this day, a band hired from Fuente Vaqueros, Lorca's birthplace, to become this…

i looked back

to view from a gravel road cut through groves of walnut and cherry trees beside planted fields to Granada seen in the distance with the bell tower of the Alhambra, its bell ring signalling the changes in water flow from one irrigation ditch to another, where later in the day we retraced our steps.

i took another moment

to admire the view back to the city so layered in the

para admirar el paisaje de regreso a la ciudad, tan llena de capas en los remolinos de su historia. El anochecer no estaba lejos; las sombras empezaban a caer entre surcos y huertos, instalándose en el misterio del crepúsculo y el tiempo.

Empecé a pensar

en la afirmación de Lorca en su obra *El público*, "Yo soy uno". Introducida en una escena decididamente gay, como es el caso, adquiere potencia para elevarse, desde su particularidad, hasta ser una verdad universal por el hecho de dar voz a uno de los grupos más denostados de la historia. La verdad que relata -hormiga y cebra, césped y trigo, mujeres y hombres, cielo y tierra- es que el cuerpo en el que vivimos está interconectado totalmente, como si todo fuese uno. El peligro está en la disolución de este concepto mediante cierto sentimentalismo, que puede confundirnos en medio de nuestra vida cotidiana... y sin embargo, pese a nuestros romances, nuestra política, nuestras preferencias sexuales, nuestros engreimientos y traiciones, nuestra urbana disociación de la naturaleza, si nos acercamos al campo, su misterio y majestuosidad logran ser fácilmente reconocidos. La enorme y continua mutación de los brillantes brotes verdes en primavera, dando paso a las hojas del verano y a la cosecha y los dorados del otoño, antes de la acumulación de los cristales y el agua en invierno, son la experiencia de la angustia del nacimiento, del crecimiento y la muerte que todos compartimos. Lorca nos invoca para ser testigos. A la larga, con el lugar de Lorca cada vez

coils of his story. Dusk was not far off; shadows began to fall among the furrows and groves, settling into the mystery of crepuscular time.

i began thinking

of Lorca's statement in his play *The Audience*—"yo soy uno"—embedded, as it is in a decidedly homosexual scene, gains power to rise from this particularity into universal truth by the fact that it speaks out from one of the most reviled groups in history. The truth it describes, ant and zebra, weed and wheat, women and men, sky and earth, is the organism in which we live interconnected, as everything is one. The problem with this is its dilution in a kind of sentimentalism, which we can fob off amidst our daily concerns... But yet... Despite our affairs, our politics, our sexual preferences, our conceits and treacheries, our city-bred divorcement from nature, standing here, out on the land, its mystery and majesty is readily contemplated.

The enormous and ongoing turn from the bright green shoots of spring, giving way to the leafing of summer and on to the harvest and browning of autumn before the replenishment of crystal and water in winter is the experience and anguish of birth, growth, and death which we all share. Lorca calls us to witness. In the long run, with Lorca's place in world literature becoming more secure, who he slept with will be of less significance, although his more valued player status on our team will not change and may even be a model for achievement in kind. Lorca in his work rises to stand

más firme en la literatura mundial, con quién se haya acostado es de menor importancia, aunque dicho estatus como jugador más valioso de nuestro equipo no cambie y pueda ser ejemplar para otros logros. Lorca en su obra se eleva hasta una posición universal invitándonos a reconocer nuestras raíces, nuestros pies puestos firmemente sobre la tierra.

Me quedé de pie ahí

no con una luz divina bendiciéndome desde las nubes, como la que ahora trae el viento, como un recordatorio, con un soplo de estiércol. Lorca no es homosexual exclusivamente;

él es uno,
yo soy uno,
lo mismo que tú.

¡Uno soy yo!

universally, calling on us to recognize our rootedness,
feet firmly in ground.

i stood there

not with some divine light blessing me from the clouds
as just now the wind brought, as reminder, a whiff of
dung. Lorca is not exclusively gay;

he is one,
i am one,
as are you…

Yo soy uno!
¡Uno soy yo!

ACKNOWLEDGEMENTS

There are a number of people who have, in their way, contributed to *Lorcation*. Thanks to Gerry Shikatani who invited me to 'Lorca's Granada'; Martín Rodríguez-Gaona for his time, patience, and respectful translation; Laura Garcia Lorca for her friendship and guidance; Andres Soria Olmedo for his instructive conversations; Sonja Greckol and Bev Daurio for help with the essay; the five Canadian writers who accompanied me in Granada: Weyman Chan, Kelly Ryan, Sonja Greckol, Maureen Hynes, Sarah Murphy; the supportive and respectful group that is BookThug; and neither last nor least, Federico Garcia Lorca for his gift.

ABOUT THE TRANSLATOR

Martín Rodríguez-Gaona (Lima, 1969) has published several books of poetry, including *Efectos personales (Personal Effects)* (1993), *Pista de baile (Dance Track)*, (1997), *Parque infantil (Playground)* (2005), *Codex de los poderes y los encantos (A Codex of Powers and Spells)* (2011) and *Madrid, línea circular (Madrid, circular line)* (2013, winner of the City of Cáceres Poetry Prize), and the essay *"Mejorando lo presente. Poesía española última: posmodernidad, humanismo y redes" (Improving the present. Latest Spanish poetry: postmodernism, humanism and networks)* (2010). He was a fellow at the Foundation Residencia de Estudiantes from 1999–2001, and worked as literary advisor for this institution until 2005. He also won the International Fellowship of Poetry Antonio Machado de Soria in 2010.

His translations of poetry include *La sabiduría de las brujas de John Giorno* (2008) and *Pirografía (Pyrography: Poems 1957–1985)* (2003), a selection of ten books by John Ashbery.

ABOUT THE AUTHOR

British Columbia–born Brian Dedora is a writer and performance artist whose work has been anthologized and widely published in special and limited editions. His books include *Eye Where: A Book of Visuals* (2014), *A Few Sharp Sticks* (2011), *A Slice of Voice at the Edge of Hearing* (2008), which was shortlisted for the ReLit and George Ryga Awards, *With WK in the Workshop* (1989), as well as *White Light* (1987). Dedora lives in Toronto, Canada and Granada, Spain.